Dados Internacionais de Catalogação na Publicação (CIP)
(Câmara Brasileira do Livro, SP, Brasil)

Bocheco, Eloí Elisabet
  Cantorias de jardim / Eloí Elisabet Bocheco ; ilustrado por Elma. – São Paulo : Paulinas, 2012. – (Coleção espaço aberto)

  ISBN 978-85-356-3351-1

  1. Canções infantis 2. Canções - Literatura infantojuvenil I. Elma. II. Título. III. Série.

12-13039 CDD-028.5

Índices para catálogo sistemático:
  1. Canções : Literatura infantil 028.5
  2. Canções : Literatura infantojuvenil 028.5

Nenhuma parte desta obra poderá ser reproduzida ou transmitida por qualquer forma e/ou quaisquer meios (eletrônico ou mecânico, incluindo fotocópia e gravação) ou arquivada em qualquer sistema ou banco de dados sem permissão escrita da Editora. Direitos reservados.

Cadastre-se e receba nossas informações
www.paulinas.com.br
Telemarketing e SAC: 0800-7010081

Paulinas
Rua Dona Inácia Uchoa, 62
04110-020 – São Paulo – SP (Brasil)
📞 (11) 2125-3500
✉ editora@paulinas.com.br
© Pia Sociedade Filhas de São Paulo – São Paulo, 2012

Direção-geral: *Bernadete Boff*
Editora responsável: *Maria Alexandre de Oliveira*
Assistente de edição: *Rosane Aparecida da Silva*
Copidesque: *Ana Cecilia Mari*
Coordenação de revisão: *Marina Mendonça*
Revisão: *Sandra Sinzato*
Assistente de arte: *Ana Karina Rodrigues Caetano*
Gerente de produção: *Felício Calegaro Neto*
Design e coordenação do projeto: *André Neves*
Produção de arte: *Manuel Rebelato Miramontes*

1ª edição – 2012
1ª reimpressão – 2023

À Catarina Maria da Conceição.

Eloí Elisabet Bocheco

Cantorias de Jardim

Ilustrado por **Elma**

CAMOMILA	07
ONDE ESTÁ A MARGARIDA?	09
REI DO JARDIM	10
O PREFERIDO	11
O QUE TEM A ROSA?	12
AMOR-PERFEITO	13
OLHA O CRAVO!	15
AÇUCENA	17
QUAL É A FLOR?	19
DELICADAS	20
HORTÊNSIA	22
LÍRIO	24
VIOLETA	27
CAMÉLIA	28
VIVA A SEMPRE-VIVA!	30
FLOR DO CAMPO	32
PALMA-FLOR	33
PETÚNIA	34
JASMIM	35
COPO-DE-LEITE	36
FLOR-DE-MAIO	38

CAMOMILA

Camomila nasceu
no meio do prado
O carneiro que pastava
ficou encantado.

Passei pela camomila
camomila me acenou
Respondi ao aceno
minha mão cintilou.

O fogo quando se apaga
na cinza deixa o calor
Camomila quando balança
esmalta o chão de flor.

Plantei a margarida
em meu bolso direito
Veio a cigarra e disse:
— Esse bolso tem defeito.

Plantei a margarida
na aba do meu chapéu
Veio o vento e disse:
— Por que não plantou no céu?

Plantei a margarida
no ninho da formiga
Veio a nuvem e disse:
— Mas que cheiro de intriga!

Plantei a margarida
na palma da mão
Daqui a margarida
não sai mais não.

REI DO JARDIM

Quando o sol incendeia
o orvalho dos tagetes,
não sei se é flor–de–fogo,
ou se flor–do–fogo seria,
ou quem sabe fogaria,
o que vejo no jardim.

Sei que todo ano é assim.
Alaranjado, dourado,
Cor de coco queimado,
ou amarelo–quindim,
o tagetes é o rei
do meu jardim.

O PREFERIDO

A borboleta marrom
vai no crisântemo:
não acha graça.
Beija a violeta
e, ligeiro, passa.

Acena para o tagetes,
faz que vai na roseira.
Voa sobre a cravina,
a sempre-viva e a figueira.

Toma o rumo da azálea,
muda de direção.
Cruza rápido o antúrio,
deixa de lado o manjericão.

Quando encontra
sua flor predileta,
a borboleta marrom
se aquieta.

**Quem é a flor do coração
da borboleta marrom?**

A flor do coração
da borboleta marrom
é o girassol –
que segue o sol
que segue o sol
que segue o sol...

11

O QUE TEM A ROSA?

— Rosa de maio,
  quem te desfolhou?
— Foi o vento leste
  que por aqui passou.

— Rosa encarnada,
  quem te incendiou?
— Foi o sol nascente
  que aqui chegou.

— Rosa lilás,
  quem te semeou?
— Foi um passarinho
  que pra cá voou.

— Rosa branca,
  quem te feriu?
— Foi a chuva de granizo
  que ontem caiu.

— Rosa amarela,
  por que não abriu?
— Por causa da lua nova
  que ainda não saiu.

Se eu fosse a borboleta,

Se eu fosse o grilo,

Se eu fosse a abelha,

Se eu fosse o vaga-lume,

Se eu fosse a formiga,

Se eu fosse a cigarra,

Se eu fosse a joaninha,

ou qualquer outro bichinho,

morava num amor-perfeito

— único amor sem defeito.

AMOR-PERFEITO

Atirei o cravo vermelho
no meio do mar
Peixinho dourado
correu buscar.

*Peixinho dourado,
me ensine a nadar
Quero ver sereia
no fundo do mar.*

Atirei o cravo branco
na noite de breu
Andorinha da mata
foi quem recolheu.

*Andorinha, andorinha,
me ensine a voar
Quero ver a estrela
que está a piscar.*

Atirei o cravo vermelho
na moça que passou
Gato malhado foi
quem segurou.

*Gato malhado,
me ensine a pular
Do "pulo do gato"
eu vou precisar!*

Açucena do banhado
não se tira pra dançar
Ela tem o pé molhado
ela pode resvalar.

Açucena do campo
não se usa atrás da orelha
Mas, pode-se usar,
se for açucena vermelha.

Açucena do jardim
não se colhe na alvorada
Se colhe no fim do dia
para dar à namorada.

Açucena da floresta
não se joga no mar
O mar é salgado
ela pode estranhar.

Já vi chorar açucena
no meio do prado,
por tu passares por ela
e não teres olhado.

AÇUCENA

Contas azuis

Colares de luz

Miúdas turmalinas,

Ametistas pequeninas

Pérolas encantadas

Gotas esmaltadas

Fino bordado

sobre fundo azulado

Grãos de céu,

reluzindo ao léu

Botões cintilantes

Pedrinhas de brilhantes

Meigos íris da luz a brincar...

Esta flor é o **MIOSÓTIS**,

que eu quero dar pra você,

pra você nunca me esquecer!

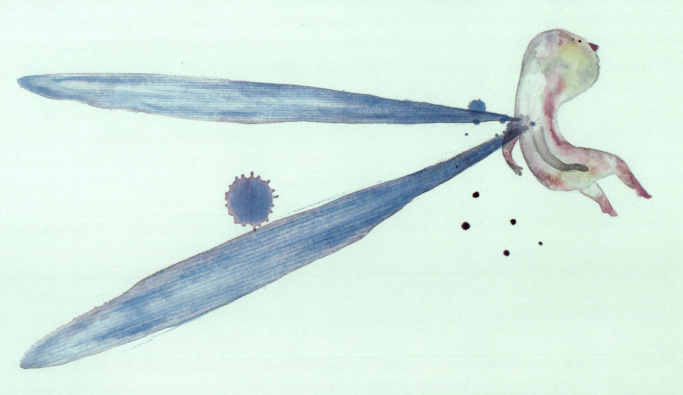

Da noite para o dia,
begônia floresceu
Sabiá, admirado,
de cantar se esqueceu.

Jardineiro,
ponha a begônia
onde o vento não bata
Para a begônia,
o vento não faz falta.

Begônias na janela
Fundo de luar
Madrugada alta,
andorinha a voar.

Dar begônias de presente
significa amizade
Begônias para você,
com benquerer e saudade...

HORTÊNSIA

— Onde vai, jardineiro,
com esse balaio?
— Vou colher a hortênsia
do mês de maio.

Uma pedra deu na outra
A hortênsia tremeu
O orvalho das flores
canário bebeu.

Se a hortênsia pensasse
teria ideias azuis
Joguei a hortênsia pra cima
deu no cruzeiro do sul.

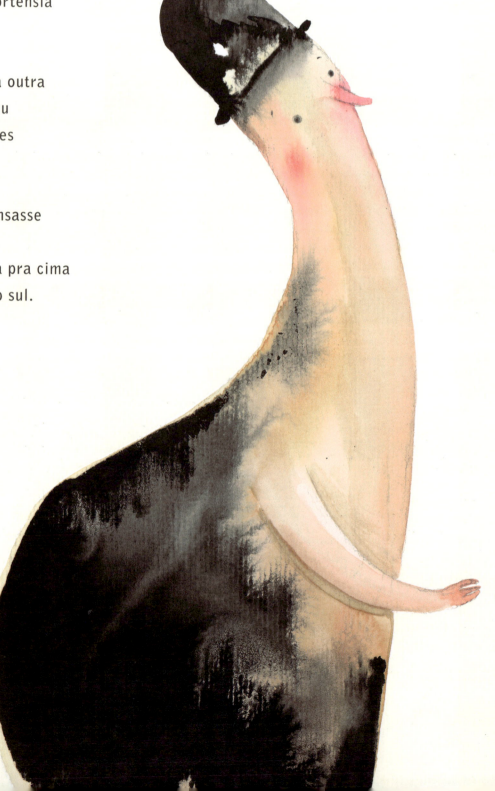

Lencinho na mão

Caiu no chão

A flor da hortênsia

no coração.

Este lírio quem me deu
foi Yara, que tem uma
estrela de nascença
na ponta dos cabelos.

É lírio de todo ano
semeado em fevereiro
Quem quiser tirar a flor
beije as pétalas primeiro.

Sereno caiu no lírio
Sereno deixa cair
Sereno da meia-noite
faz tempo que foi dormir.

LÍRIO

Num lugar bem distante,
debaixo de um caramanchão,
ouvi esta breve história,
que trago nas linhas da mão:

As barbas
nadavam no riacho,
feito peixes
Brancas barbas,
aos feixes.

Um velho profeta,
morador da eternidade,
veio à janela do céu
pentear as longas barbas.

Por artes de um vento forte,
que na hora soprou,
a barba do profeta
céu abaixo despencou.
Caiu dentro de um riacho
que, na terra, encontrou.

O riacho passava na casa
de uma catadora de sementes
"Nunca vi peixes tão grandes
nadarem na água corrente",
disse a mulher ao vento.

A catadora colocou
as barbas do profeta
no sol de fevereiro
Pingos brilhantes
caíram no terreiro.

De cada gota que caía
uma flor azulada nascia
Em pouco tempo, um jardim,
no terreiro surgia.

Quando as barbas
do profeta secaram,
o vento as levou embora
A catadora espalhou
as sementes das flores
pelo mundo afora.

Segundo um contador,
que há muito tempo partiu,
que morava numa vila,
à beira de um grande rio,
numa casa de palafitas,
que neste mundo existiu,
foi assim que a violeta surgiu.

VIOLETA

CAMÉLIA

Camélia branca
suspira no galho
    Cai orvalho.

Camélia roxa
atrai vaga-lume
    Cai perfume.

Arco-íris
na pétala de linho
    Brilha um ninho.

Luar na
camélia alta
    Cai prata.

Camélia
no teu braço
    Cai meu coração no laço.

VIVA A SEMPRE-VIVA!

Sempre-viva nasceu em janeiro

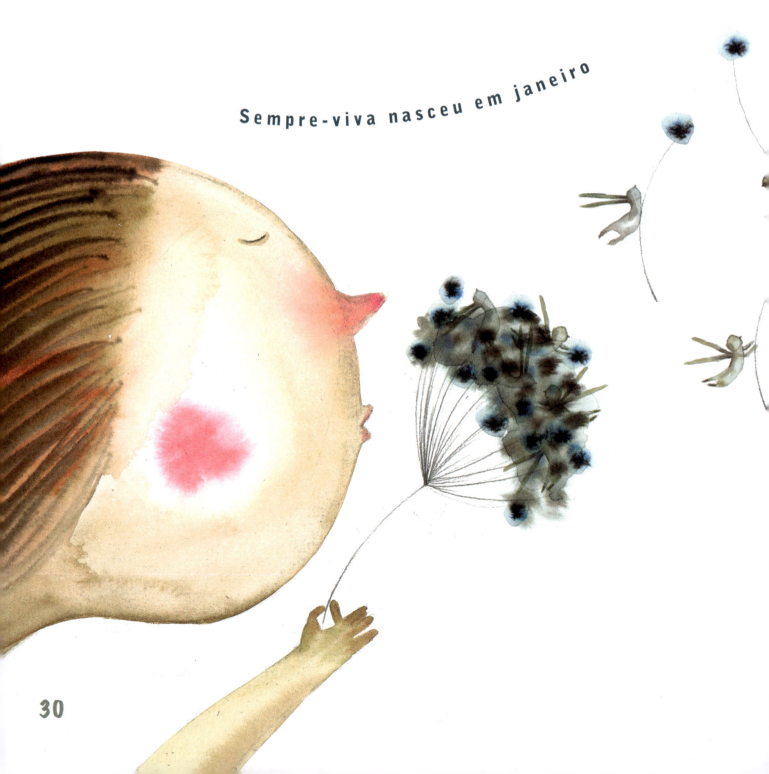

Viva a sempre-viva o ano inteiro!

Viva a sempre-viva
Viva sempre a sempre-viva
Viva a sempre-viva viva
Viva a sempre-viva sempre.
Que cores vivas da sempre-viva!

Qual é a cor mais viva da sempre-viva?
Todas as cores da sempre-viva são vivas.
A sempre-viva só tem cores vivas!

É tão viva a sempre-viva...
Vive mais que as outras flores
Viva é a sempre-viva
Sempre-viva de muitas cores.

Nunca viva a sempre-viva
longe do meu jardim
Ai, sempre-viva, sempre-viva
bem perto de mim!

FLOR DO CAMPO

As aves do céu semeiam
a flor do campo
As borboletas e
os pássaros ajudam.

A flor do campo
é a flor dos amores
Bem me quer? Mal me quer?
Mal me quer? Bem me quer?
Suspiros, saudades e flores.

A flor do campo é singela
A flor do campo é eterna.

PALMA-FLOR

Plantei a palma
A palma não nasceu
A semente
gavião comeu.

Vá-se embora, gavião,
deixe a semente em paz
Gavião de penacho,
nem sabe o que faz!

Plantei a palma
Gavião não veio
Foi-se o gavião
para jardim alheio.

Sinal me pedes
Sinal te dou
Palma vermelha
sinal de amor.

Vi a petúnia cantando
Vi a petúnia cantar
Quem nunca ouviu petúnia
não pode acreditar.

A flor da petúnia é breve
dura pouco no jardim
Guardada na memória
petúnia nunca tem fim.

Colei a petúnia
em papel machê
Não é enfeite, não é nada
É pra mandar pra você!

PETÚNIA

Lá vai um jasmim branco
Na correnteza do rio
Deu na pedra, deu no ramo
Deu na ponta do fio.

Lua cheia na serra
Jasmineiro florido
Na flor branca enluarada
sonha um pintassilgo.

Toda flor tem seu perfume
Porém, o jasmim tem mais
Embriagar todo jardim
é coisa que só o jasmim faz.

JASMIM

35

COPO-DE-LEITE

As flores do copo-de-leite
brilham em fundo de luar
Lua cheia, lua alva
faz o jardim se encantar.

Vento sul, não balance assim
as flores do copo-de-leite!
Balance mais devagar
Olhe que derrama a prata do luar!

FLOR-DE-MAIO

Flor-de-maio no canteiro
Passarinho na janela
O que espera passarinho
para beijar flor tão bela?

Passarinho bateu asas
Flor-de-maio acordou
A pena do passarinho
o vento levou.

Passarinho canta
para a flor-de-maio
Do bico do passarinho
pingam gotas de orvalho.

Passarinho foi-se embora
Flor-de-maio murchou
Volta, volta, passarinho
Peço-lhe, por favor!

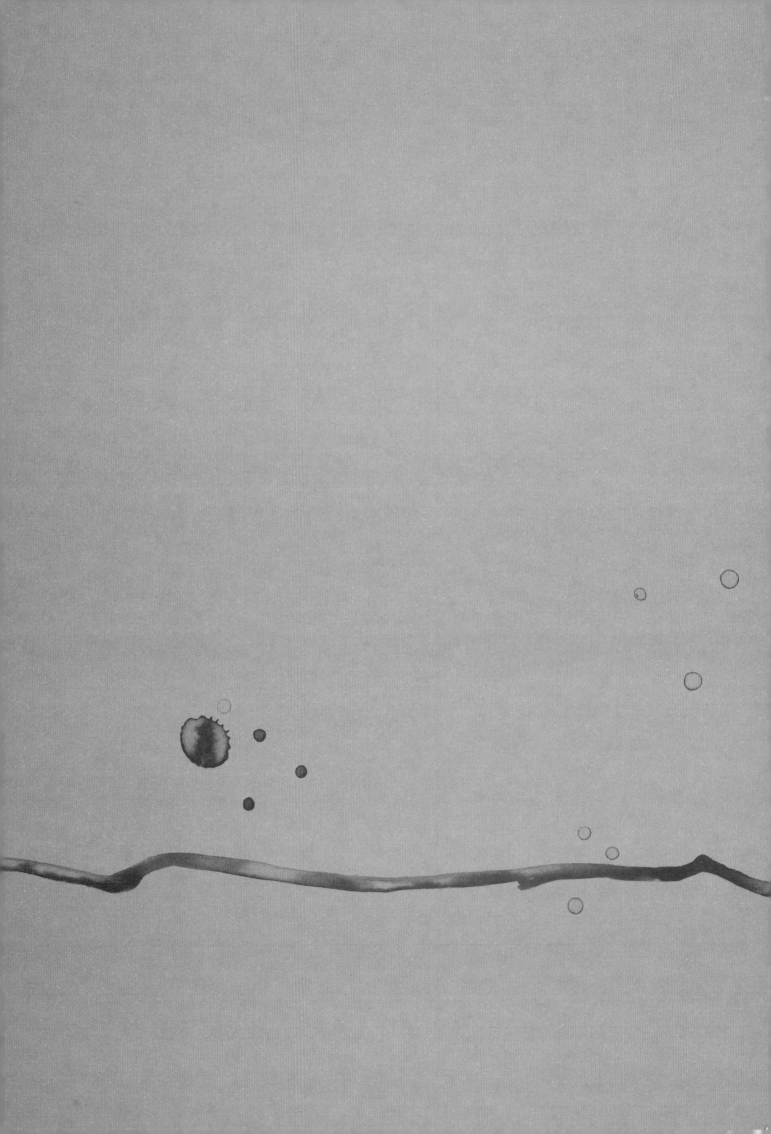